COUVERTURE SUPÉRIEURE ET INFÉRIEURE
EN COULEUR

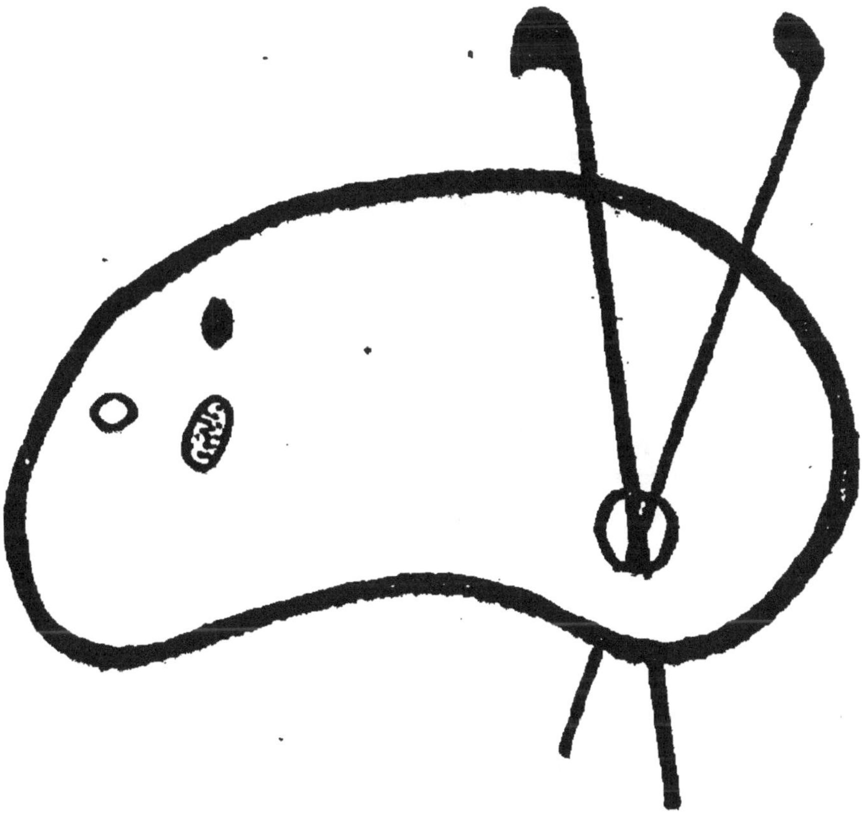

ÉTIENNE **RICHET**

PROFESSEUR AU COLLÈGE LIBRE DES SCIENCES SOCIALES

# La Politique Allemande au Maroc

PARIS

EMILE LAROSE, LIBRAIRE-ÉDITEUR

11, Rue Victor-Cousin

1917

# La
# Politique Allemande
## au Maroc

Étienne **RICHET**

PROFESSEUR AU COLLÈGE LIBRE DES SCIENCES SOCIALES

# La Politique Allemande au Maroc

(Hôtel des Sociétés Savantes. — Cours d'ouverture :
8 Novembre 1915).

**PARIS**

EMILE LAROSE, LIBRAIRE-ÉDITEUR
11, Rue Victor-Cousin

1917

# La Politique allemande

## au Maroc

Pendant dix ans, Messieurs, l'Allemagne a fait de la question marocaine la plate-forme de sa politique agressive contre la France et tenu en haleine toutes les Chancelleries d'Europe.

Vous vous rappelez comment, en mars 1905, Guillaume II, au cours d'une croisière en Méditerranée, débarqua à Tanger et déclara solennellement dans son discours d'arrivée, qu'il venait s'entendre avec le sultan pour la protection des intérêts allemands au Maroc.

Or, ces intérêts n'étaient pas compromis. L'intérêt primordial que comporte pour nous la question marocaine, est évident à cause du voisinage de nos possessions de l'Afrique du Nord. Pour des intérêts analogues mais moindres, l'Espagne, l'Angleterre, l'Italie y sont intéressées aussi. Lorsque la France, menacée, sur ses frontières algériennes, par les désordres croissants de l'empire chérifien, se vit contrainte d'y intervenir, elle s'occupa d'abord de traiter avec ces trois puissances pour concilier les droits de chacun et prévenir tout conflit. L'Allemagne n'avait pas été consultée et n'avait pas à l'être.

À cette époque là, depuis deux mois déjà, une mission française essayait, inutilement d'ailleurs, de traiter avec le Maghzen certaines questions concernant la sécurité de l'Algérie et de l'état intérieur du Maroc. L'Allemagne en intervenant avec tant de hauteur où elle n'avait, de son aveu, rien à faire, se proposait uniquement de braver notre pays et de nous provoquer tout de suite. L'opinion de l'Europe entière discerna l'intention hostile de l'Empereur qui venait ainsi brusquement s'interposer sur un point où la France s'occupait pacifiquement à régler des litiges qui la touchaient gravement et qui ne touchaient qu'elle.

Jusque là, en effet, la politique de l'Allemagne avait plutôt favorisé l'expansion coloniale française, dans le but de détourner l'emploi de nos forces militaires. De plus, la pénétration de l'Allemagne était, pour ainsi dire, presque nulle au Maroc ; jusqu'en 1870 aucun de ses Etats n'y avait de consul. En 1873 seulement, Tanger reçut une légation impériale, mais qui se borna à un rôle effacé. A la conférence de Madrid, tenue en 1880, afin de résoudre la question des protections accordées aux sujets marocains par les représentants des nations européennes, l'Allemagne fut bien représentée ainsi que les autres Etats de l'Europe, mais ce fut en cette occasion que le prince de Bismarck fit déclarer à notre ambassadeur que « l'Allemagne n'ayant point d'intérêts au Maroc », les points de vue français régleraient l'attitude du délégué allemand. Et il en fut ainsi.

Un peu plus tard (en 1887) l'Espagne, voyant l'anarchie augmenter, de jour en jour, dans ses présides, pressentit le gouvernement allemand pour un arrangement international de cette question. Il lui fut déclaré par le prince de Bismark que « l'Allemagne se désintéressait du Maroc ». A l'avènement de Guillaume, le sultan espéra profiter du nouveau règne pour se faire un allié contre la France, dont les réclamations se multipliaient à mesure que les troubles excités sur les confins algéromarocains devenaient plus fréquents. La mission spéciale qu'il envoya à Berlin n'obtint qu'une réception d'apparat. A l'avènement d'Abd-El-Aziz, nouvelle mission marocaine à Berlin conduite par El-Menebhi, favori du sultan et ministre de la guerre. Mais ni le chancelier de Bulow, ni le secrétaire d'Etat Richtofen, en congé tous les deux, ne daignent revenir à Berlin pour causer avec leur collègue en djelaba.

En 1903, au cours des pourparlers pour les accords franco-espagnols, M. de Bulow déclare encore « que l'Allemagne n'a pour ainsi dire pas d'intérêts au Maroc, tant ils sont minimes, insignifiants » et M. de Radowitz représentant de l'Allemagne à Madrid, affirme en même temps que l'Allemagne ne se mêlera en rien de l'affaire marocaine.

Lorsque, l'année suivante, l'accord entre la France et l'Espagne s'étend à l'Angleterre, le cabinet de Berlin par une note officieuse publiée dans la *Gazette de l'Allemagne du Nord* prend soin de rassurer l'opinion. « Il n'y a point lieu, au point de vue allemand, d'envisager avec des yeux malveillants l'entente franco-anglaise actuellement en cours. Il y a lieu de croire que les intérêts commerciaux de l'Allemagne n'ont rien à redouter. L'empereur Guillaume lui-même dit au roi d'Espagne : « C'est avec la France que vous devez vous entendre au sujet du Maroc ». Cet accord franco-anglais une fois conclu, le chancelier de Bulow proclame au Reichstag : « En ce qui concerne le Maroc, nous sommes intéressés dans ce pays principalement au point de vue économique. Nous n'avons aucun sujet de redouter que nos intérêts y puissent être méconnus ou lésés par une puissance quelconque ». Quand notre ambassadeur annonce à la Wilhemstrasse l'adhésion de l'Espagne à l'accord franco-anglais, M. de Richtofen répète encore que « nul intérêt, sinon un intérêt économique » ne rattache l'Allemagne aux questions marocaines.

A cette époque, Messieurs, les intérêts allemands d'après les statistiques de nos agents étaient représentés par 125 Allemands, 12 maisons de commerce et 850.000 marks d'affaires, et deux ans après le discours et le voyage de Guillaume, M. de Bulow redisait encore à notre ambassadeur, M. Cambon, que les intérêts de l'Allemagne au Maroc étaient « une misère ».

Ces intérêts, garantis par le traité germano-marocain de juin 1890, profitaient d'un article de l'accord franco-anglais de 1904, interdisant, pour une période de trente ans, toute inégalité dans les droits de douanes et les tarifs de transport en faveur d'une nation quelconque.

La conclusion de cet accord franco-anglais (1904) venant après l'accord espagnol (1903) avait exaspéré le gouvernement chérifien, habitué à s'appuyer sur les rivalités des puissances pour maintenir le pays en cet état d'anarchie si favorable aux louches profits et aux exactions ; le Maghzen imagina d'envoyer à Berlin le ministre El-Mokri pour tenter de nouveau de s'appuyer sur l'Allemagne ; M. de Radowitz, à ce moment ambassadeur à Madrid, dit à notre représentant que, si El-Mokri venait pour protester contre les nouveaux accords, « on le recevrait de belle façon ».

Pour justifier cette soudaine volte-face dans la politique traditionnelle de l'Allemagne, Guillaume fit annoncer dans les chancelleries que l'Allemagne se trouvait gravement offensée, parce que le ministre Delcassé l'ayant tenu à l'écart des accords, avait négligé de le consulter sur une question si grave, et qu'ainsi le soin de son honneur l'obligeait à rappeler au monde l'existence d'une puissance dédaignée. La valeur de ce prétexte, si parfaitement empreint de l'hypocrisie allemande, les événements qui suivirent ne l'ont que trop bien montré. Chaque fois que la mauvaise volonté germanique s'est brisée contre nos résolutions pacifiques, elle faisait naître quelque incident nouveau. Les autres puissances n'ayant au Maroc que des intérêts économiques, Belgique, Pays-Bas, Danemark, Suède, Russie, Autriche-Hongrie, Portugal, Etats-Unis, n'avaient pas davantage été appelés à ces pourparlers ; aucune cependant ne voulut faire cause commune avec l'Allemagne dans la réclamation adressée à la France.

Le résultat de la démarche impériale ne se fit pas attendre. Malgré le couplet pacifiste que me chanta, entre-temps, M. de Bulow dans les jardins de la chancellerie d'empire, couplets recueillis par le *Gaulois* du 2 mai 1905, le gouvernement chérifien inspiré par l'Allemagne ne tardait pas à inviter les puissances à une conférence ayant pour but d'examiner les réformes à introduire au Maroc, programme que la France se proposait précisément de réaliser avant la théâtrale entrée en scène de Guillaume II. Cette conférence, dont l'effet devait être de déposséder la France du rôle que son voisinage du Maroc par l'Algérie lui imposait si justement, et que lui avait reconnu l'Angleterre et l'Espagne, cette conférence qui devait internationaliser la question marocaine, en l'appuyant diplomatiquement auprès de tous les gouvernements, laissait voir une fois de plus qu'elle en avait inspiré l'idée et l'adoptait à présent comme sienne. L'ambassadeur d'Allemagne, M. de Radolin, revint de son congé tout exprès pour déclarer à notre président du conseil, M. Rouvier, que si la France déclinait la conférence et passait à l'accomplissement de ses projets de réformes, l'Allemagne se trouverait derrière le Maroc.

Toujours guidée par le désir de la paix, forte de sa loyauté et de son bon droit, car elle avait uniquement pour but d'assurer la sécurité de ses possessions africaines, la France consentit à s'entretenir avec le gouvernement allemand. M. Rouvier fit remarquer au prince de Radolin que la conférence serait dangereuse si elle n'était pas précédée d'une entente, inutile si elle la suivait. L'Allemagne repoussa toute pensée d'entente directe, moyen si simple et si logique de tout arranger rapidement. Elle montrait ainsi que le but voulu par elle était, non pas de résoudre, mais d'éterniser la question pour y pouvoir puiser à sa convenance un motif de querelle toujours prêt.

Décidée le 8 juillet, à la suite de longs et inquiétants débats, la Conférence s'ouvrit à Algésiras le 16 janvier 1906. L'Angleterre et l'Espagne s'y montrèrent fidèles à leurs accords antérieurs, les autres puissances persistèrent dans leur attitude amicale, l'Allemagne malgré tous nos efforts continua à se montrer hostile. Elle aurait dû pourtant être satisfaite car, en contraignant tous les Etats de l'Europe à tenir cette Conférence dont l'objet leur était si imparfaitement indifférent, elle avait manifesté hautement son pouvoir.

L'acte général, Messieurs, qui mit fin à cette Conférence (17 avril 1906) reconnaissait « la situation particulière et l'intérêt spécial de la France dans l'empire chérifien » ainsi que celui de l'Espagne. Cependant, par les institutions internationales introduites, par la faculté de contrôle dont était doté le corps diplomatique de Tanger, l'Acte d'Algésiras, en somme, arrivait à donner au gouvernement allemand barre sur la France quand, comment et autant qu'il le voudrait. Les événements l'ont montré depuis. Néanmoins, l'Acte d'Algésiras, ratifié le 31 décembre 1906, fut accueilli en France avec faveur. On crut y voir un arrangement définitif et l'assurance d'un paix durable. Malheureusement rien n'était plus loin des vues de l'Allemagne.

Avant même que fut réunie la Conférence, pendant les pourparlers, le comte de Tattenbach, représentant de l'Allemagne au Maroc, faisait attribuer les travaux du port de Tanger à une maison allemande et négociait un emprunt marocain, malgré le consortium des banques françaises et malgré un appel antérieur du maghzen à la Compagnie marocaine. L'Acte venait à peine d'être signé et déjà le gouvernement allemand essayait de former contre l'Angleterre et la France une ligue des neutres, en matière financière. L'Italie, pressentie la première, rejeta ces ouvertures par l'intermédiaire de M. Luzzatti, ministre du Trésor, qui souligna ce fait que l'Allemagne ne semblait pas considérer l'Acte d'Algésiras comme une fin et, par sa diplomatie « persistait à chercher dans la question du Maroc des prétextes pour diviser et inquiéter les puissances intéressées ». En même temps le gouvernement allemand sommait le sultan de Constantinople d'exercer une pression sur Abd-el-Aziz, pour l'engager à régler sa politique d'après les désirs de Berlin. Mais après une première lettre Abd-ul-Hamid déclina ce soin, pour des questions protocolaires.

Le gouvernement marocain, d'ailleurs, n'a pas besoin d'être excité contre la France : de graves incidents, des troubles sérieux se produisent sur les frontières algéro-marocaines : dans la province d'Oudjda l'amel expulse le Français qui organise le service des voitures entre Oudjda et notre chemin de fer de Marnia. En mai 1906 un autre Français, M. Charbonnier, est assassiné en plein jour sur la plage de Tanger sans que les pouvoirs publics fassent rien pour arrêter les meurtriers, cependant connus de tous.

Le gouverneur du Tafilalet, Moulay-Rechid, oncle du sultan, interdit aux tribus des Ouled-Djérir et de Douï-Ménia, soumises à la France, les marchés et les territoires du Maroc, et laisse ses administrés organiser des razzias sur les terres algériennes, A Marrakech, un français M. Demout, agent de la Compagnie marocaine, ayant été assailli à coups de pierre, non loin de la ville, les autorités chérifiennes opposent une force d'inertie complète aux réclamations de notre consul de Mogador (septembre 1906). En Mauritanie, au bord de la Séguiet-el-Hamra, le cheikh Ma-el-Aïnin, auteur responsable de l'assassinat de M. Coppolani à Tidjikdja (mai 1905), avait dès la fin de 1905 et dans le courant de 1906, semé l'agitation dans les tribus de l'Adrar.

Un délégué du Sultan parcourait les tribus avec le fils du vieux marabout et leur faisait l'éloge « des Allemands, très puissants amis du sultan depuis plus d'une année ». Le gouvernement maghzénien fournissait Ma-el-Aïnin d'armes et de munitions par le cap Juby par la voie des balancelles espagnoles.

En octobre, les Maures attaquent à Niémelane une

reconnaissance avancée de notre poste de Tidjikdja et mettent hors de combat la moitié de son effectif. Cependant Ma-el-Aïnin, reçu brillamment à Fez par le sultan, obtient de lui des armes et des subsides. Au retour, à son passage à Casablanca, ses gens molestent gravement les Européens de la ville, les poursuivent et les blessent dans les rues sans être en rien inquiétés (septembre 1906). A Tanger même, dans la ville du Maroc la plus fréquentée, le chérif Raïssouli, s'étant assuré l'appui des Allemands, se fait nommer par le maghzen caïd de la banlieue et ses partisans y organisent la guerre ouverte contre les tribus du voisinage (août 1906).

Un peu plus tard débarquait à Tanger le ministre que l'Allemagne envoyait pour surveiller au Maroc l'exécution de l'acte d'Algésiras ; c'était le docteur Rosen, bien connu pour ses sentiments anti français, le même agent chargé l'année précédente de préparer le programme de la conférence et qui, par l'absurdité de ses exigences, l'eut rendue impossible sans l'énergique intervention du docteur Witte auprès de Guillaume II. Dès son arrivée Rosen, par une violation nette de l'Acte d'Algésiras, fit nommer deux officiers allemands de sa mission, au poste d'ingénieurs du Sultan.

Dès le printemps de cette année 1906, Moulay-Hafid, frère du Sultan, qui commandait à Marrakech comme Khalifa et qui n'y empêchait point l'agitation fanatique contre les Français, se livrait à des critiques acerbes sur la conduite d'Abd-el-Aziz qu'il accusait de livrer l'empire aux roumis. Il montrait si bien l'intention de se créer des partisans afin de renverser son frère, qu'Abd-el-Aziz commença à s'en émouvoir et tenta quelques efforts pour se dégager du réseau d'intrigues où l'avaient enlacé les Allemands.

Mais il était trop tard ; il ne réussit qu'à le tourner contre lui. Les éléments de désordre qu'il avait laissés s'établir s'étendaient de plus en plus.

Dans le Rharb, Raissouli étendait la tyrannie de ses brigandages jusqu'au Socco de Tanger et rançonnait mêmes les protégés européens. Devant cet état de choses, la France et l'Espagne songèrent à occuper Tanger (décembre 1906). Le gouvernement allemand comprit qu'il était allé trop loin ; il abandonna Raissouli, le maghzen envoya contre le bandit un mehalla qui reprit Arzila dont il s'était emparé (janvier 1907). Mais loin d'être réduit Raissouli captura le caïd Mac-Léan, envoyé en parlementaire, le garda comme otage et continua à dominer les tribus de la montagne et à terroriser celles de la plaine.

Cependant, dans les premiers mois de 1907, les armes et munitions promises par Abd-el-Aziz à Mal-el-Aïnin et fournies par l'Allemagne arrivaient dans le sud; une caravane de 500 chameaux transporta de la côte chez l'émir de l'Adrar la part qui lui était destinée. Les troubles sans cesse suscités vers Oudjda, augmentaient de telle sorte que nos troupes durent occuper la ville (mars 1907) tandis que, plus au sud, sur la frontière, les incursions et les razzias dirigées par les chorfa du Tafilalet se multipliaient à tel point que le gouverneur général de l'Algérie se vit obligé d'envoyer dans la région une colonne, commandée par le colonel Pierron, pour défendre les tribus soumises.

A cette même époque, dans les rues de Fez, la foule injuriait un Français et le poursuivait pendant une heure à coups de pierres; à Marrakech, la capitale du sud, le docteur Mauchamp était assassiné par la populace et, devant l'agitation qui suivit, toute la colonie européenne dut quitter la ville, à l'exception des seuls allemands (mars 1907). A Casablanca, la colonie européenne tremblait sous la constante menace des tribus du voisinage. Le corps diplomatique des puissances résidant à Tanger demanda au maghzen le changement du gouverneur, suspect de complicité ou tout au moins convaincu de faiblesse. Le représentant de l'Allemagne en apparence s'associait à la démarche, mais, en sous-main, il la démentait, de sorte que le gouverneur incriminé demeurait à son poste.

Tandis qu'au Maroc, Messieurs, la main cachée de l'Allemagne fomentait contre nous ces incidents, une détente apparente semblait se produire en Europe. La catastrophe de Saarbrück (janvier 1907), l'explosion du *Iéna* (21 mars 1907) avaient amené entre les deux gouvernements un échange de télégrammes émus et sympathiques. Guillaume II s'était fait représenter aux obsèques des marins du *Iéna* par l'amiral Stiégel, attaché naval de l'ambassade et avait fait déposer une couronne sur leur tombe. Le gouvernement allemand multipliait les témoignages d'affabilité ; en février, Guillaume II allait rendre visite à la femme de notre attaché militaire, la marquise de Laguiche. Peu après il exposait à M. Lecomte, notre chargé d'affaires, la nécessité d'une union entre les puissances européennes pour maintenir la paix et le bonheur des peuples ; à MM. Eugène Etienne, Gaston Menier, à moi-même, reçu deux fois par lui en 1906 à Postdam et à Berlin, il expliquait que l'Allemagne et la France, en s'unissant, pourraient accomplir de grandes choses : par l'intermédiaire de M. Menier on remettait en avant le vieux projet d'une rencontre entre l'Empereur et le Président de la République française. Notre nouvel ambassadeur M. Jules Cambon, qui succédait à M. Bihourd, fut reçu par l'empereur dès le lendemain de son arrivée et avec une cordialité extrême, le chancelier de Bülow déclara à l'ambassadeur que, pour la politique marocaine, il adoptait comme loi l'acte d'Algésiras rien au-delà, rien en deçà.

Des yachts français, s'étant rendus aux régates de Kiel (juin 1907) obtinrent des marques d'attention toutes particulières ; Guillaume II alla dîner à bord du yacht de la comtesse de Béarn. S'entretenant avec mon éminent ami, M. Eugène Etienne, ancien ministre de la guerre, il déclara que, pour en finir avec les questions marocaines, les accords, les ententes de détail ne suffisaient pas, une alliance avec la France était nécessaire ; pour préciser sa pensée il citait l'exemple de l'Autriche prospère sous la protection germanique. M. Etienne, comme on pense, laissa tomber l'entretien. L'opinion française, pourtant, se plaisait à interpréter tous ces incidents comme des témoignages de tendances pacifiques analogues aux siennes.

Mais, au Maroc, la délégation allemande n'avait pas modifié sa ligne de conduite. Le docteur Rosen empêchait la nomination d'un ingénieur français. Comme la rumeur d'un rapprochement franco-allemand s'était répandue au Maroc, il jugea bon de la démentir en ne paraissant pas à la fête donnée à la légation de France pour les victimes du *Iéna* et en empêchant tous les Allemands de la colonie d'y paraître, organisant pour le même jour une réunion exclusivement allemande (mars 1907). A l'encontre des conventions d'Algésiras, il faisait concéder à une maison allemande la construction des égouts et des boulevards de Tanger et augmenter considérablement le prix de l'entreprise du port de Larache, déjà obtenu par Haessner (avril).

Un mois après comme les nouvelles d'une entente continuaient à circuler, M. Vassel, consul d'Allemagne à Fez, alla en personne trouver le Sultan pour lui dire « que la politique allemande restait invariable ». Quant à nous, au milieu de ces intrigues, nous poursuivions loyalement la réalisation des articles de l'acte d'Algésiras. Le règlement des adjudications et marchés relatifs aux travaux publics et à leur caisse spéciale, point sur lesquels le docteur Rosen comptait pour faire naître un conflit, fut approuvé en mai 1907 par le corps diplomatique de Tanger, puis, en juin, le règlement de la police des ports, puis trois autres règlements encore, parmi lesquels celui du commerce des armes. Restait à obtenir l'assentiment du Sultan qui s'y décidait mal et, sous la pression allemande, usait des atermoiements ordinaires.

Par exemple, à la fin de mai, le baron de Langwerth vint remplacer à Tanger le docteur Rosen, parti en congé ; tout changea subitement : le personnel de la légation allemande rivalisa d'amabilité avec le personnel de notre légation et avec tout la colonie française. Même en

juillet 1907 le baron de Langwerth alla trouver le directeur de la *Dépêche Marocaine*, journal subventionné par
la légation, et lui exposa un projet d'accord réunissant
les banques et les entreprises des deux nations pour un
consortium qui en centraliserait et en partagerait les
bénéfices ; là était le vrai terrain d'entente, le terrain
économique, « l'Allemagne n'ayant au Maroc, disait
M. de Langwerth, aucune velléité politique ».

Ce mélange de mauvaise volonté réelle et de courtoisie
affectée était trop dans les habitudes de l'Allemagne pour
ne pas indiquer un piège. Pourquoi, en 1905, lorsque
les questions pendantes n'intéressaient que la France et
l'Allemagne, celle-ci avait-elle voulu à toute force internationaliser la conférence ? Et aujourd'hui que les questions marocaines avaient été internationalisées par son
initiative, pourquoi voulait-elle nous amener à cette
négociation dualiste ? Peut-être afin de nous faire heurter
à quelque impasse ouverte dans les conventions d'Algésiras et nous pousser à choisir entre les deux termes de
la proposition posée à Kiel : la rupture ou la vassalité ?

Mais l'esprit pratique du cabinet allemand, en ce
moment, ne visait pas si haut que les rêves de l'empereur : l'Allemagne, grâce au traité de Francfort, avait
réussi à envahir le commerce et l'industrie de France, à
y établir des banques, à négocier même certaines valeurs
sur le marché. Mais ce qu'elle n'avait pu obtenir, ce
qu'elle voulait en échange d'arrangements économiques,
au Maroc, c'était l'admission des valeurs allemandes sur
la Cote de nos marchés officiels. Le chancelier de l'empire. M. de Bülow, le dit précisément à M. Jules Cambon (août 1907).

La France ne pouvait pas plus engager son indépendance financière que son indépendance politique ; la
ruine de la seconde eut rapidement suivi celle de la première ; ce souhait ne fut pas admis. Pourtant le prince
de Bülow, désireux de se signaler par un accord avec la
France, approuva rapidement le projet de Tanger, et les
deux légations en arrêtèrent les termes sur la base d'une

entente entre Allemands et Français pour les entreprises de travaux publics au Maroc, désintéressement de l'Allemagne en matière politique et sa complète neutralité dans toutes questions soulevées entre la France et l'Empire chérifien (22 août).

A ces dispositions des légations, la France envoya immédiatement son approbation ; le gouvernement allemand répondit seulement le 14 septembre, et ce fut par un refus. La Wilhemstrasse eut voulu, en effet, que tout caractère politique fut exclu de cet arrangement, que la situation de la légation n'y parut point, que ce fut, en un mot, uniquement un arrangement entre hommes d'affaires s'appliquant à des travaux publics ; plus tard, une convention diplomatique aurait pu suivre pour faire payer le désistement politique de l'Allemagne par d'importantes concessions de la part de la France. Le baron de Langwerth ayant ainsi outrepassé la pensée de son gouvernement, le docteur Rosen qui incarnait la politique anti-française reçut l'ordre de rejoindre son poste (1er septembre).

Pendant ce temps, Messieurs, de graves événements se passaient sur la côte Atlantique. A la fin de juillet 1907, sur la plage de Casablanca, la populace fanatisée massacrait neuf ouvriers européens (Français, Italiens, Espagnols) ; la colonie française dut se retirer ; le consulat fut assiégé. Le croiseur *Galilée* amena rapidement un détachement de marins français ; un second, le *Du Chayla*, le suivit sans perdre de temps ; et ce fut le bombardement de Casablanca, puis l'occupation (7 août).

En cette occurence, la France toujours soucieuse du respect des conventions et du maintien des traités, prit soin de justifier son action auprès des Puissances par des notes qui se succédèrent presque constamment en suivant les événements de la campagne entreprise. Le corps d'occupation avait reçu l'ordre de ne pas s'éloigner de Casablanca à plus d'une journée de marche. Le 12 septembre, le camp des tribus rebelles fut détruit. Les notes relatant ces opérations et envoyées à toutes les Puissances signataires de l'Acte d'Algésiras, visaient en réalité la seule Allemagne, les autres en prenaient acte sans objection mais l'Allemagne, tout en conservant dans ses réponses officielles une attitude correcte en apparence, prenait soin d'y placer des phrases énigmatiques, de leur donner un aspect équivoque où le refus se confondait avec l'acquiescement de ne laisser jamais entièrement entrevoir son appréciation véritable et ses intentions, tandis que la presse d'outre-Rhin adoptait un langage de plus en plus hostile et violent.

C'est pourquoi notre gouvernement voyant en face de lui les pièges préparés et désireux, avant tout, de manifester au monde sa parfaite loyauté ainsi que son esprit résolument pacifique, se montrait si méticuleusement préoccupé de la régularité, si patient, si maître de lui. Mais ces préoccupations politiques et les instructions envoyées en conséquence par le ministre de la guerre compliquaient singulièrement la tâche du commandement militaire. Ces difficultés allaient s'aggraver encore par suite des troubles intérieurs de l'Empire chérifien.

Comme je vous l'ai dit tout à l'heure, à la suite de l'assassinat du docteur Mauchamp (mars 1907), à Marrakech où commandait Moulay-Hafid, tous les Européens avaient quitté la ville. Seuls les Allemands y demeuraient. Les agents secrets, un certain Holtzmann en tête, commencèrent leurs intrigues autour de Moulay-Hafid dans lequel ils espéraient trouver un instrument plus docile qu'Abd-el-Aziz que l'Allemagne sentait lui échapper. En août 1907 Hafid se fit nommer sultan, lança une proclamation contre son frère et contre l'occupation franco-espagnole de Casablanca et appela les tribus à la guerre sainte.

L'avènement d'un sultan animé de tels sentiments enthousiasma la presse allemande qui, par un ordre officiel, abandonna complètement Abd-el-Aziz.

La France, elle, considérant que les querelles dynastiques de la famille chérifienne ne la regardaient point et n'ayant en vue que son œuvre pacificatrice et la sauvegarde de ses possessions, n'avait point pris parti. En septembre 1907, le nouveau sultan adressait au corps diplomatique une protestation contre le bombardement de Casablanca ; la presse allemande y applaudit. En octobre, il envoyait contre le corps d'occupation une mehalla pourvue de canons Krupp, sous les ordres de Moulay-Rechid son oncle. Les journaux allemands applaudirent de nouveau.

Cependant les ordres étroits et les scrupules du Ministère enfermaient pour ainsi dire nos troupes dans Casablanca. A ce moment le docteur Rosen rejoignait son poste de Tanger ; il y fondait un journal tendancieux et combattif, la « Deutche Maroco Zeitung » ; le gouvernement de Berlin, sûr de son zèle, lui avait laissé toute initiative. Avec l'aide de la colonie allemande de Casablanca, il s'appliquait à faire durer l'insurrection des Chaouïas.

Pour échapper aux influences allemandes Abd-el-Aziz s'était retiré à Rabat. M. Regnault fut envoyé auprès de lui en mission afin de lui faire bien comprendre que notre intervention armée dans la Chaouïa n'était point dirigée contre le sultan mais contre les fauteurs de troubles, et ne devait pas se prolonger plus longtemps que le rétablissement de la sécurité. Là, loin des intrigues malsaines. M. Regnault et son collègue le ministre d'Espagne, dans une série de conférences, obtinrent facilement du sultan le règlement des questions encore en litige, telles qu'organisation de la police dans les ports ouverts, contrebande des armes, caisse des travaux publics. acquisitions de propriétés par les Européens (novembre-décembre 1907).

M. Regnault, notre plénipotentiaire. le contre-amiral Philibert commandant de la force navale et le général Drude obtenaient de Paris l'autorisation d'attaquer la casbah de Médiouna, proche de Casablanca et d'où la mehalla chérifienne harcelait nos troupes depuis deux mois.

Le 1er janvier 1908, la casbah est enlevée, mais aussitôt, le ministère fait prévoir qu'elle sera rendue à Abd-el-Aziz ; le nouveau chef du corps d'occupation, le général d'Amade, arrive malheureusement avec des instructions non moins sévères sur le peu d'extension à donner aux opérations.

Les nécessités militaires plus fortes cependant que les combinaisons diplomatiques forcent l'éminent chef de guerre à pousser jusqu'à Settat. Mais le Gouvernement lui interdit d'occuper cette place à titre définitif (15 janvier 1908). Le même jour, le cabinet de Paris annonce sa neutralité en face des compétitions des deux frères, et la Chambre la ratifie. Mais ce détachement, à la vérité, apparaît excessif au moment précis où les Allemands manifestent si hautement leur parti pris en faveur du sultan nouveau.

Settat, quatre fois prise et reprise (tant cette occupation s'impose !) est quatre fois évacuée par ordre (janvier-mars 1908). Une mission militaire commandée par le général Lyautey adressa au ministre de la guerre un rapport démontrant l'impossibilité de la pacification si l'on persistait à lier ainsi les mains au commandement et la nécessité d'établir des points fixes dont le centre devait précisément être installé à Settat.

Les mouvements stratégiques y ramènent une cinquième fois le général d'Amade le 7 avril. Enfin, le gouvernement envoie l'autorisation d'occuper provisoirement cette ville, mais en donnant l'ordre de ne la dépasser sous aucun prétexte (17 avril). Deux mois plus tard, les nécessités de la répression ayant attiré le général en chef jusqu'à Azzemour, les journaux allemands se répandent en injures.

A franc parler, Messieurs, nos succès du Maroc oriental n'étaient peut-être point étrangers à l'explosion de leur fureur. A l'automne précédent, l'occupation d'Oudjda avait été suivie d'une campagne contre les Beni-Snassen. En avril 1908, le colonel Pierson qui surveillait la frontière algéro-marocaine ayant été attaqué près du poste Menakha par la harka de Moulay-Lhassan Sebaï, une colonne plus importante, dirigée par le général Vigy, commandant du territoire d'Aïn Sefra, fut envoyée contre la harka, la battit près de Bou-Denib et s'empara de la position (7 mai 1908).

Cependant, par un effet de la duplicité allemande, tandis que ces événements se passaient au Maroc, les conversations diplomatiques entre le Cabinet de Berlin et le Cabinet de Paris semblaient indiquer un désir d'apaisement et d'entente, de sorte qu'à la fin de janvier 1908, par ordre de M. Pichon, ministre des affaires étrangères, M. Jules Cambon renouait avec le gouvernement allemand les négociations relatives à l'accord, interrompues trois mois auparavant. En mars, MM. de Bulow et de Schœn prononçaient à la tribune du Reichstag des discours calmes, relatifs à la question marocaine. Le Livre blanc, paru en mai, témoignait de la même tendance. En avril, au moment même où la mehalla du prétendant nous menaçait, M. de Schœn avait bien exprimé à M. Jules Cambon le désir de nous voir retirer nos troupes de la province de Chaouïa, l'Allemagne formulait bien des plaintes continuelles sur le prétendu préjudice que notre occupation portait à son commerce (plaintes assez mal justifiées puisque son chiffre d'affaires depuis l'année précédente avait presque doublé). Néanmoins, sur une demande de M. Cambon, le prince de Bulow remplaçait à Tanger le docteur Rosen par le baron de Wangenheim. Il paraît donc qu'à ce moment, le cabinet allemand fut en effet disposé à reprendre l'examen de l'accord esquissé l'année précédente. Mais les brillantes opérations du général d'Amade dans la Chaouïa, son hardi coup de main sur Azemmour, surexcitèrent au plus haut point l'opinon germanique contre la France.

Le gouvernement allemand, entravé par l'obstacle qu'il avait forgé lui-même en entretenant à l'excès l'agitation des esprits, dut renoncer momentanément aux pourparlers amiables qu'il s'apprêtait à renouer. Consulté par notre agent sur la reprise de l'accord projeté par M. de Langwerth, le baron de Wangenheim, succes-

seur du docteur Rosen, déclara que la France devait
« payer » le désistement politique de l'Allemagne au
Maroc.

Depuis le début de notre occupation forcée de la province de Chaouïa, Guillaume II n'avait cessé de la surveiller et de nous convier à la faire cesser. Mais ce qui
retardait la pacification de la Chaouïa et le retrait de nos
troupes, c'était non seulement les criailleries de la presse
germanique et les perfides menées diplomatiques, mais
encore les intrigues des Allemands de Casablanca, une
cinquantaine peut-être qui, par leur génie d'intrigues et
leur déloyauté, s'appliquaient inlassablement à entraver
notre action et à nous susciter des difficultés. Par le
régime des capitulations, les Allemands au Maroc dépen-
daient uniquement de leur consul ; nous avions la faculté
de porter plainte et c'était tout. On devine quelle suite était
donnée à nos plaintes : aucune. Ce régime des capitulations s'étendait également à tous les indigènes employés
par les mains allemandes et par le consulat, et de plus à
certains « protégés » politiques.

Groupés autour de Karl Ficke, gros négociant de la
ville et correspondant de journaux pangermanistes, les
Allemands de Casablanca organisaient la révolte ; leurs
agents, les indigènes, ruraux ou associés agricoles de
Karl Ficke poussaient leurs compatriotes à la haine de la
France, faisaient passer aux tribus Chaouïa, les fusils
qu'introduisaient des agents allemands de Mazagan et de
Rabat, et les excitaient à attaquer nos troupes. Lorsqu'un
de nos officiers mettait la main sur eux, ils sortaient le
privilège de protection du Consulat allemand et criaient
que la France méprisait l'Allemagne. Là-dessus, réclamation de Ficke au Consulat, envois de notes venimeu-
ses aux journaux de sa connaissance. Le général
d'Amade, devant cette impunité assurée aux ennemis
qu'il trouvait sur ses pas, prit le parti de détruire les
maisons d'où les coups de feu étaient tirés sur nos
troupes.

Le prince de Radolin se fit à Paris l'interprète des

protestations de Karl Ficke et osa dire à notre ministre des affaires étrangères : « Le gouvernement impérial, dans ces conditions, jugera difficile de s'en tenir à la politique conciliante qu'il a suivie jusqu'ici vis-à-vis de l'action française au Maroc » (11 juin 1908).

A côté de son consul que pouvait gêner quelque peu son caractère officiel, la légation allemande avait placé à Casablanca un agent officieux, Stievers, rédacteur en chef de la *Deutsche Maroco Zeitung*. Les intrigues nouées par les négociants allemands de Casablanca avec nos ennemis sous couleur de commerce furent clairement établies par les perquisitions effectuées en 1914, lorsque la guerre fit tomber les privilèges allemands. Mais, à cette époque, si grand était le souci que prenait la France de sauvegarder la paix européenne que nos résidents civils et militaires avaient ordre de respecter d'une façon absolue les droits capitulaires de l'Allemagne, quoi qu'il advînt, afin de ne pas créer un prétexte à son hostilité attentive et toujours prête à se déclarer.

De plus, sous la haute direction de la légation d'Allemagne, sous la protection du consulat de Casablanca et des agents consulaires de Rabat et de Mazagan, les Allemands avaient organisé, dès 1906, dans Casablanca même, une véritable agence de désertion. Le directeur en était Stievers, envoyé de Tanger à Casablanca pour exciter les esprits contre la France. Karl Ficke s'employait activement à cette tâche, ainsi que la plupart des notables allemands de la ville. A l'aide d'un légionnaire affilié, on recrutait les déserteurs, on les cachait puis on les rapatriait avec une prime au moyen de navires allemands ; au cours de cette année 1908, les désertions à la légion étrangère se multiplièrent d'une manière inquiétante ; les autorités militaires en avaient découvert le motif, mais le régime des capitulations empêchait toute poursuite.

A peu près au moment où le général d'Amade au grand scandale de l'Allemagne s'emparait d'Azemmour, Moulay-Hafid arrivait de Marrakech à Fez (7 juin). Maître de presque tout le Maroc, il alla à la rencontre de la mehalla d'Abdel-Aziz ; celle-ci se débanda après une vaine résistance, et le sultan vaincu dut chercher un refuge dans la région occupée par nos troupes (22 août).

Au cours de ces événements, Messieurs, le gouvernement français qui, jusque là, s'était maintenu dans une exacte neutralité en face des deux sultans, se concerta avec l'Espagne afin de proposer conjointement aux puissances signataires de l'Acte d'Algésiras de reconnaître Moulay-Hafid moyennant que celui-ci adhère aux conventions de cet acte ; en même temps, M. Pichon avisait l'Allemagne de notre initiative (29 août).

Cette reconnaissance collective n'était point du goût de l'Allemagne qui, ayant élevé Hafid pour s'en faire un instrument contre nous, voulait le persuader qu'il devait sa couronne à elle seule. Au reçu de notre proposition, la Wilhemstrasse envoie à Paris une note où elle exprime la volonté qu'on reconnaisse Hafid sans condition, « afin de rétablir la paix d'une manière définitive et d'en revenir aux obligations assumées à Algésiras. » En même temps, le Cabinet de Berlin communiquait cette note à la presse et envoyait à Fez près de Moulay Hafid le consul Vassel, sous prétexte de régler quelques intérêts privés, en réalité pour intriguer avec le nouveau sultan.

Le baron de Wangenheim qui avait remplacé le docteur Rosen à Tanger, ne se montrait pas moins hostile que lui ; quelques semaines après son arrivée, il déclarait que le retrait de nos troupes de la Chaouïa était la condition préalable et absolue de tout accord et agitait le spectre d'une guerre franco-allemande.

Les puissances européennes adhérèrent aux vues franco-espagnoles, relatives à la reconnaissance collective, mais en envoyant un long mémoire soulevant beaucoup de détails subsidiaires. La situation se tendait de plus en plus. Dans une lettre à Karl Ficke, Hornung, directeur du journal de la légation de Tanger, dit qu'il faut agir avec la France « en faisant une figure innocente » mais telles étaient à ce moment les dispositions intimes de l'Allemagne que, dans cette même lettre Hornung ajoute, en disant qu'il transmet la pensée du gouvernement de Berlin : « Si la guerre survenait, il faudrait que pas un Français ne sortît vivant de la Chaouïa ». Moulay Hafid, dans ses conservations avec le docteur Rosen, ne s'était point montré aussi complaisant qu'on l'avait espéré, et le baron de Wangenheim annonçait que Guillaume II ferait surgir un nouveau sultan si celui-là se montrait par trop indocile, et que l'Allemagne d'ailleurs n'attendait qu'un incident pour opérer, ainsi que la France, un débarquement de troupes dans un port du Maroc.

Un événement qui se produisit alors à Casablanca dévoila clairement l'action secrète de nos ennemis. Quelques légionnaires de nationalités allemande, suisse, autrichienne et russe que Stéviers et Brunner, le légionnaire affilié, avaient décidés à déserter, furent, suivant l'habitude, munis de vêtements civils et cachés par les soins du Consulat. Au moment où, conduits par Just, secrétaire du Consulat, ils allaient s'embarquer sur le vapeur allemand *Cintra*, deux caporaux de la légion, qui se trouvaient là, par hasard, reconnurent les déserteurs et voulurent les arrêter. Just s'interposa, poussa les déserteurs vers l'embarcation préparée pour les conduire à bord, y monta avec eux et cria aux caporaux : « Ils sont dans mon embarcation ; vous n'avez plus rien à faire. » Mais dans cette manœuvre brusquement exécutée, l'embarcation avait chaviré et les hommes, étant tombés à l'eau, durent regagner le rivage. Les autorités du port, le lieutenant Tournemire, l'enseigne Soria et quelques matelots parvinrent alors à arrêter les déserteurs. Just frappa de sa canne un marin français, un autre reçut un coup de poing d'un soldat marocain qui accompagnait les Allemands ; puis Just leva la main sur l'enseigne Soria qui sortit son revolver ; l'Allemand se calma aussitôt. Pendant la rixe, les déserteurs avaient été arrêtés et menés en prison (25 septembre). Dès le lendemain, le consul Liederitz les réclame ; deux jours après, le baron de Lanken, chargé d'affaires de l'Allemagne à Paris, vient au quai d'Orsay réclamer « prompte et complète satisfaction ». Comme réponse, le gouvernement français demande qu'un désaveu et un blâme soient infligés au consul Lüderitz pour cette aide aux déserteurs. Au bout de quinze jours, M. de Schœn propose à notre ambassadeur, M. Cambon, de remettre l'affaire au tribunal d'arbitrage de la Haye. Naturellement, devant ce nouvel état de choses, toute pensée d'accord était définitivement écartée et le docteur Rosen reprenait le chemin de Tanger. Le gouvernement allemand, cependant, savait fort bien que dans l'arrestation des déserteurs, les autorités françaises avaient suivi une ligne de conduite parfaitement correcte.

Sans doute, pensant que le gouvernement français, fort de son bon droit, refuserait de soumettre à l'arbitrage une question de discipline militaire, l'Allemagne se croyait sûre de faire sortir de là le conflit souhaité. Dès le lendemain, M. Pichon accepte l'arbitrage. Aussitôt, les chancelleries de France et d'Espagne rédigent, suivant les désirs formulés par l'Allemagne, le texte de leur adresse au nouveau sultan (15 octobre).

Ainsi satisfaite sur tous les points, l'Allemagne change encore d'attitude ; l'ambassadeur à Paris, le prince de Radolin, demande que les autorités françaises du port de Casablanca rendent les déserteurs et présentent des excuses au Consulat allemand et soient frappés de peines disciplinaires, après quoi l'Allemagne réciproquement frappera son consul de la peine encourue. M. Pichon déclare s'en tenir à l'arbitrage, accepté par le gouvernement français à la demande de l'Allemagne. Le cabinet de Berlin se jette alors dans une interminable discussion, une de ces discussions dont les Allemands ont le secret, où la subtilité pédante se mêle à la niaiserie et à la mauvaise foi. Pendant ce temps, la presse pangermaniste montait le ton de ses injures et de ses menaces. Au bout de quinze jours, le prince de Radolin renouvelait, sous forme d'ultimatum, la demande de libération des déserteurs et des réparations pour les violences subies par les employés du consulat allemand et le prince de Bulow déclarait à notre ambassadeur à Berlin que, si l'empereur n'obtenait point satisfaction, il songeait au rappel de son représentant (1<sup>er</sup> novembre).

En même temps, le secrétaire d'Etat, M. de Schœn, avec de grandes protestations de bienveillance, assurait que les dispositions du gouvernement allemand à l'égard des questions franco-marocaines étaient tout à fait changées et que tout allait marcher au gré de la France, si, dans ce minuscule incident, celle-ci voulait accorder la légère satisfaction qu'on lui demandait.

M. Pichon, trop au courant de l'hypocrisie allemande, s'engageait à donner seulement les satisfactions indiquées par le tribunal international de La Haye, sous la condition, d'ailleurs, d'un engagement analogue de la part de Berlin. L'Allemagne, à ce moment troublée dans sa politique par l'émotion que l'annexion de la Bosnie-Herzégovine venait de soulever en Europe, consentit à revenir à l'arbitrage proposé par elle, pourvu que ce fût la France qui en formulât la demande. Refus de la France, nouvelle demande allemande posant comme condition du recours à l'arbitrage que la France, avant toute chose, exprimât ses regrets relativement à l'arrestation des déserteurs ; nouveau refus de Paris à cette étrange prétention ; la demande fut enfin rédigée après de laborieux pourparlers entre M. Cambon et M. de Kiderlen-Waechter sur une base d'égalité parfaite entre les deux gouvernements (10 novembre).

Relativement à la reconnaissance de Moulay-Hafid, l'Allemagne exigea encore que l'adresse présentée par la France et l'Espagne fût remise au sultan, non par notre ambassadeur, mais par le doyen du corps diplomatique de Tanger. La France, arrivée à son but qui était de maintenir sur ses bases l'acte d'Algésiras, fit encore cette concession sur les questions de forme (18 novembre).

Quelques jours après, était signé le compromis d'arbitrage pour l'affaire de Casablanca.

Sur la frontière algérienne, Messieurs, l'ordre était loin d'être rétabli. Des harkas levées dans le Haut Guir et dans le Tafilalet sous l'inspiration de Moulay-Hafid étaient venues attaquer le poste de Bou-Denib occupé par nos troupes ; une colonne de secours sous les ordres du général Alix avait chassé ces harkas, les avait battues à Djorf (7 septembre) et parcourait toute la contrée par une suite de reconnaissances, de sorte que, dans les derniers mois de 1908, la France et le Maroc, sur les confins, étaient virtuellement en état de guerre.

Cependant, dès que Moulay-Hafid eut été officiellement reconnu (1er janvier 1909), son premier soin fut d'appeler à Fez le représentant de la France, M. Regnault. Il montrait ainsi qu'il n'était point dupe de l'attitude de l'Allemagne à son égard et n'entendait pas s'inféoder à elle comme avait fait son frère. inaugurant ainsi la politique de bascule qu'il avait décidé de suivre en face des deux puissances adverses dont la rivalité s'exerçait au Maroc. Là-dessus, Rosen, pour contrarier l'influence française, se mit également en route pour Fez. La situation était menaçante, et l'état d'excitation où était montée l'opinion allemande pouvait, avec raison, faire craindre qu'on fût à la veille d'une crise pareille à celle de 1905. Tout à coup se répandit la nouvelle de la conclusion de l'accord franco-allemand. C'était le contre-coup des difficultés européennes de l'Allemagne. L'agitation sortie d'une interview maladroite accordée par Guillaume II au *Daily Telegraph* et venant après l'annexion de la Bosnie-Herzégovine, mettait le cabinet de Berlin dans la nécessité de se débarrasser momentanément de la question marocaine et de donner une leçon à Moulay-Hafid.

Le prince de Bülow reprit le projet d'arrangement de 1907, et le 6 janvier 1909, il proposait à M. Cambon de conclure définitivement l'accord délaissé depuis dix-huit mois. Comme le chancelier avait besoin d'avoir les mains libres pour arranger les embarras de sa politique intérieure l'affaire fut arrangée et conclue en un mois (9 février 1909).

La France se déclarait attachée à l'intégrité de l'empire chérifien, l'Allemagne répétait que ses intérêts au Maroc étaient purement économiques ; la France s'engageait à ne pas gêner les intérêts commerciaux de l'Allemagne, et l'Allemagne à respecter les intérêts politiques de la France ; puis les deux gouvernements déclaraient qu'ils cherchaient à associer leurs nationaux dans les affaires dont ceux-ci pouvaient obtenir l'entreprise au Maroc. Le désistement politique de l'Allemagne au Maroc, ainsi que cette clause additionnelle : « Il sera tenu compte du fait que les intérêts français sont plus importants au Maroc que les intérêts allemands » étaient exprimés dans des lettres secrètes.

Si rapides et si discrètes avaient été ces négociations que le docteur Rosen les ignora ; lorsque le comte de Saint-Aulaire, notre chargé d'affaires, l'en informa, il ne put dissimuler l'expression d'une violente colère. Cependant, on le maintenait à son poste.

Cet accord fut accueilli avec satisfaction dans toute l'Europe, mais surtout en France ; on se plut à y voir l'ouverture définitive d'une ère d'apaisement. M. Guiot, contrôleur des douanes marocaines et délégué des porteurs de l'emprunt, fut envoyé à Berlin afin de conférer avec M. de Langwerth, rapporteur des affaires marocaines (fin mars 1909). Tout alla bien tant qu'il fut question de points avantageux pour les Allemands : indemnités pour le bombardement de Casablanca, émission en France d'un emprunt marocain pour les travaux du port de Larache confiés à une société allemande, mais sur la question de l'association entre Allemands et Français pour les entreprises des travaux publics, ce qui était le but principal de l'accord, les difficultés soulevées furent telles que nous dûmes nous borner à la reconnaissance du principe, sans rien préciser.

Au même moment, paraissait la sentence du tribunal arbitral dans l'affaire des déserteurs de Cassablanca ; elle nous donnait raison sur tous les points, ne reprochant aux Français que deux faits : la menace faite par M. de Soria et les coups sur le soldat marocain, prolongés plus qu'il n'était nécessaire ; l'embarquement des déserteurs fut qualifié de « fait grave et manifeste » ; l'Allemagne, d'ailleurs, avait pris soin d'en rejeter la responsabilité sur Just. Quoique sortant condamnée de cette affaire, elle avait pourtant atteint son but qui était d'exaspérer les esprits chez elle et de les préparer à l'idée d'une guerre contre la France.

D'autre part, Moulay-Hafid, surpris par la nouvelle de l'accord franco-allemand à l'instant où il allait entrer en conversation avec notre ambassadeur, retarda les pourparlers, afin de s'informer à Berlin de ce qu'il devait penser du changement produit.

Rosen remit son voyage à Fez ; car, après l'accord, son caractère officiel aurait pu le gêner, pour agir. Mais, par l'entremise de Karl Ficke, il fit encourager le maghzen dans sa résistance à toutes nos propositions et surtout dans la demande d'évacuation de la Chaouïa. Pour se dispenser de traiter avec M. Regnault, Moulay-Hafid annonça qu'il allait envoyer une mission à Paris afin de s'entendre directement avec le gouvernement français. En mai 1909, les ambassadeurs marocains débarquèrent à Marseille.

Dès lors, il était bien visible que l'Allemagne était décidée, dans la pratique, à ne tenir aucun compte de l'acte de 1909. Son désistement politique, exprimé dans cet acte, le cabinet de Berlin avait voulu qu'il restât secret, et, pour ne pas trahir le secret, disait-on à Berlin, elle renouait autour du sultan ses intrigues contre nous. Les lenteurs, les difficultés des accords francomarocains qui se discutaient à Paris avec les ambassadeurs de Moulay-Hafid, étaient le résultat de cette action occulte.

Au Maroc, Messieurs, l'effet des menées allemandes, ébranlant notre prestige, encourageant à la résistance, fut de mettre de plus en plus le pays en état de désordre et d'anarchie. En mars 1909, les Hayani, les Aït-Youssi, les Beni-M'tir, sont en pleine révolte ; le sultan doit envoyer un mehalla contre chaque groupe rebelle. Les Beni-M'tir, vainqueurs en avril des troupes chérifiennes, sont réduits en mai. Chez les Zaers et les Zemmour, chez les Riata, Moulay el Kebir, frère de Moulay-Hafid, se fait reconnaître sultan ; en juin, les Cheraga se soulèvèrent à leur tour, il faut envoyer contre eux encore une mehalla ; en juillet un incident entre Espagnols et indigènes donne lieu à une agitation difficilement apaisée par des concessions nombreuses ; l'insurrection du Rogui, déjà vieille de plusieurs années et qui, depuis le mois de mars, neutralisait les efforts des troupes du sultan, devient de plus en plus menaçante ; enfin, en août 1909, le Rogui est vaincu et capturé par Moulay-Hafid qui noie la rébellion dans des flots de sang ; et, comme les représentants de l'Europe à Tanger, sous l'impulsion de la France, ont annoncé qu'ils vont venir protester auprès du sultan, Moulay-Hafid, la veille du jour fixé pour cette démarche, fait jeter le captif aux lions de sa ménagerie.

L'Allemagne n'ayant pu s'entendre avec nous diplomatiquement dans l'accord de 1909 sur la fusion des intérêts franco-allemands dans les entreprises de travaux publics, on chargea de ce soin des hommes d'affaires choisis dans les deux nations. Les débats furent longs, remplis d'exigences et de discussions âpres de la part des Allemands qui en référaient souvent au cabinet de Berlin, de sorte que les gouvernements arrivèrent à s'y trouver mêlés de plus en plus, et le contrat d'association qui en sortit le 17 février 1910 était, en réalité, un acte diplomatique, de même que l'accord de 1909, qu'il doublait.

Ce contrat instituait une *Société marocaine de travaux publics*, au capital de 2.000.000 répartis à raison de 50 0/0 à la France, 30 0/0 à l'Allemagne, le reste partagé entre les autres nations. Le conseil d'administration comprenait six Français dont le président, quatre Allemands dont le vice-président, un vice-président espagnol, et enfin un Anglais ; dans la même proportion était répartie à chaque puissance les bénéfices à retirer des entreprises de travaux publics.

L'accord et le contrat reposaient sur le privilège de la France dans les questions politiques et l'égalité de l'Allemagne avec elle dans les questions économiques ; c'était là une source toute préparée de discussions permanentes, car, en matière de travaux publics, beaucoup de questions sont à la fois politiques et économiques. Pour que cet accord se réalisât harmonieusement, il eut fallu une grande bonne foi, une extrême bonne volonté de la part de l'un et l'autre contractant, ce qui était loin d'être le cas.

On vit bientôt comment l'Allemagne entendait exécuter ses engagements.

Moulay-Hafid, précédemment, avait accordé aux Mannesmann des concessions de mines ; mais d'après l'accord, ils devaient les verser au fonds commun. Les frères Mannesmann refusèrent de s'associer à la société marocaine des mines ; le gouvernement allemand pouvait les y contraindre, rien qu'en les abandonnant à leurs propres forces ; il n'en fit rien, exprima ses regrets à la France et continua ensuite de faire appuyer les Mannesmann par tous les agents allemands de l'empire chérifien.

L'espèce de trêve que l'Allemagne, par ces accords, avait conclue pour sa commodité, l'accalmie qui s'était produite dans ses tracasseries, craquait de plus en plus ; les manquements devenaient de plus en plus évidents, de plus en plus nombreux. Quand le maghzen eut bien compris que la réconciliation de l'Allemagne avec notre pays n'était qu'un mot, les troubles reprirent de plus belle.

En septembre 1910, la légation de France obtient le désistement du prétendant Moulay-el-Kebir, fixé chez les Riata. Mais d'autres tribus s'agitent ; les Cherardas sont parmi les plus actifs ; au bout de quelques jours, la mehalla envoyée contre eux et qu'accompagnait la mission militaire française leur inflige une importante défaite (7 mars 1911). Plusieurs mois auparavant, un officier français avait été attiré dans un guet-apens et tué par les Zaers.

Le mouvement insurrectionnel s'étend jusqu'aux alentours immédiats de Fez; la route d'El-Ksar à Fez est coupée le 8 mars, puis celle de Tanger; les Beni-M'tir marchent sur la capitale et battent la mehalla qui vient à leur rencontre; la ville est investie, les Berbères attaquent les murailles, Moulay-Hafid, comprenant un peu tard que le jeu de bascule auquel il s'est livré, à l'exemple de ses prédécesseurs, va amener pour lui un mauvais résultat, reniant son erreur, fait comme Abd-el-Aziz appel à la France. Les accords nous ayant, en somme, confié le maintien de l'ordre au Maroc, notre devoir strict était d'intervenir. L'Allemagne alors prétend que l'agitation marocaine n'existe pas, que c'est là un pur prétexte inventé par la France, afin d'amener une occupation militaire. Cependant, le cabinet de Paris prend soin de notifier à Berlin successivement toutes les mesures militaires, depuis le débarquement de nos troupes à Casablanca jusqu'à leur arrivée sous les murs de la capitale (25 juin).

A toutes ces communications, Messieurs, le gouvernement allemand, sans se prononcer encore, manifestait une mauvaise humeur croissante. Pour éviter la création d'un nouvel incident, que l'Allemagne cherchait d'une façon visible, M. Cambon avait proposé des pourparlers à fin d'entente au chancelier et au secrétaire d'État. Au lieu de repondre à ces propositions justes et amiables, le gouvernement allemand, qui ne redoutait rien tant que de voir s'arranger la question marocaine, envoya la canonnière *Panther* mouiller dans la rade d'Agadir (1er juillet) « pour protéger les intérêts allemands ».

Il n'est pas besoin de rappeler quelle fut la suite de ce coup d'éclat et le douloureux traité congolais-marocain de novembre 1911 où la France payait d'une partie de sa colonie du Congo son protectorat au Maroc.

Après ce cruel sacrifice au maintien de la paix allait-elle se maintenir, cette paix si durement achetée ? Et quels furent ensuite les procédés allemands ?

Sitôt le traité signé, les Mannesmann, ces agents officieux du gouvernement allemand, s'occupent de circonvenir le sultan, comme avait fait Ficke deux ans auparavant. Mais Hafid savait maintenant ce que valait l'appui allemand ; les Français, d'ailleurs, occupaient Fez : le 30 mars 1912, le sultan signe le traité de protectorat.

Malgré le traité de novembre 1911, bien des points litigieux et mal définis subsistaient encore ; ainsi le régime des capitulations et la protection consulaire pour les censaux n'étaient en rien modifiés ; en conséquence, après comme avant le traité, les incidents ne cessent de se succéder. Pour la plus petite affaire dans laquelle un Allemand du Maroc se trouvait mêlé, l'ambassadeur d'Allemagne intervenait auprès du gouvernement français ; une rixe entre un Allemand et ses voisins à propos de l'écoulement des eaux suffit pour mettre en branle toutes les autorités allemandes et les amener à remettre des notes diplomatiques au gouvernement français. Ce privilège de la protection qui enlevait l'indigène à toute juridiction autre que celle de la nation protectrice, est accordé par l'Allemagne à tous les indigènes ennemis de la France, afin que, sous son couvert, ils puissent agir sans être inquiétés.

Dès le mois d'avril 1912, à propos de l'arrestation de trois indigènes qui avaient caché un déserteur, à propos de l'arrestation de quelques indigènes complices de vol et saisis par une patrouille française dans un douar qui était un repaire de voleurs, et qui par malheur étaient protégés par les Allemands, la presse d'outre-Rhin se mit en ébullition et le gouvernement réclama si violemment que, pour éviter un conflit, nous dûmes remettre l'incident à l'arbitrage conjointe des consuls de France et d'Allemagne, enquête où celui-ci manisfesta tant d'insolence que ce fut un scandale véritable.

En mai 1912 arriva au Maroc le général Lyautey,

commissaire résident de la République française. Il s'occupa d'abord d'arranger les choses avec l'aide des fonctionnaires allemands, dont la plupart n'étaient pas personnellement animés de sentiment hostiles ; mais le Résident s'aperçut vite que tout le mal était fait par les agents occultes qui recevaient de Berlin leurs mots d'ordre.

Depuis longtemps, Otto Mannesmann fait passer des armes et des munitions aux tribus du sud ; le consul d'Allemagne à Mogador est en relations avec ces tribus. Mohammed el Hiba s'y proclame sultan en mai 1912 ; puis le caïd Guellouli se soulève avec ses partisans ; tous sont munis de la protection allemande, si bien que, lorsque le gouvernement français veut prendre des mesures contre les rebelles, l'Allemagne s'y oppose. Quand l'insurrection s'est étendue au point qu'une colonne expéditionnaire française a dû être envoyée d'abord sur Marrakech pour en chasser Hiba (7 septembre 1912) et trois mois plus tard dans les Haha-Chiadma pour dégager le commandant Massoutier cerné à Dar el Kadi, et qu'après la défaite du caïd Anflous par le général Brulard, le caïd Guellouli s'est rendu au général Franchet d'Espérey (février 1913), le consul d'Allemagne réclame le prisonnier, M. de Schœn adresse une note au cabinet de Paris pour entraver toute sanction, en vertu de la protection allemande, et un secrétaire de légation est envoyé au Maroc pour mener cette affaire.

A ce moment le Résident général, de passage à Paris, se mit en relation avec l'ambassade d'Allemagne afin de chercher un arrangement propre à faciliter l'exercice du protectorat ; on lui fit les plus belles promesses, mais aucun effet ne suivit. L'hostilité devenait systématique de la part des agents officieux car les représentants officiels, quelque peu honteux des exigences absurdes qu'ils devaient afficher, avouaient qu'ils les formulaient sur l'ordre précis de leur gouvernement ; et beaucoup d'Allemands résidant au Maroc eussent souhaité pour la facilité de la vie, voir de meilleurs rapports s'établir.

Mais la Wilhemstrasse entendait maintenir cette agitation pour s'en faire une arme au moment voulu.

Dans le cours de 1913, les frères Mannesmann envoient des patentes de protection aux tribus des Ouled-Maadra, des Chaouna, des Oulad-bou-Aziz et, à la fin de novembre, à Abdallah ben Brahim, cheick au service de Mohamed el Hiba.

Jusqu'à la fin de l'année, le Résidant général attendit l'arme au pied. Mais le gouvernement allemand montrait de plus en plus d'exigence et de mauvaise foi. Le Cabinet de Berlin refuse de reviser les listes de protégés allemands ainsi que l'avait stipulé le traité de novembre 1911, et, pour justifier sa déloyauté, allègue l'opinion publique, singulière ironie de la part d'une autorité pareillement despotique. Il se plaint auprès de nous de ses agents officieux, les Ficke, les Mannesmann, il les désavoue et se lamente de ne pouvoir les arrêter.

La situation était tendue à l'extrême : tout était préparé pour un nouveau piège et pour un nouveau coup d'éclat. Si, en juillet 1914, l'affaire de Serbie s'était arrangée, et que l'Allemagne n'eût pu en faire sortir la guerre qu'elle voulait, nous aurions vu surgir un nouvel Agadir. La résolution était prise ; les formes de l'exécution restaient seules à fixer : elles eussent dépendu de la moindre circonstance ; car (vous avez pu vous en convaincre, Messieurs, au cours de cette rapide leçon), l'objet de la politique allemande au Maroc n'a jamais eu qu'un but : donner une apparence de raison au guet-apens qu'elle préparait contre la France.

———

LAVAL. — IMPRIMERIE L. BARNÉOUD ET Cie.

www.ingramcontent.com/pod-product-compliance
Lightning Source LLC
Chambersburg PA
CBHW060043090726
47597CB00012B/2320